MUKKA EMMA

Testi: Peter Coolbak
Illustrazioni: Federico Brusco, Riccardo Pagliarini, Peter Coolbak
L'autore ringrazia: Karin Siegenthaler, Michael Roschi, Karl P. Schilt, Hansruedi Blaser, Hans Schmidiger, Marianne Kühni, Rosette e Hans Erhard, Luca Brentaro, Alberto Grezzani e Armando Dadò Editore Sa per aver fornito documentazione sulla storia dell'Emmental

Progetto grafico: Raffaele Anello

www.giunti.it

Via Bolognese, 165 - 50139 Firenze - Italia
Via Dante, 4 - 20121 Milano - Italia
Prima edizione: maggio 2008

Ristampa	Anno
6 5 4 3 2 1 0	2012 2011 2010 2009 2008

Stampato presso Giunti Industrie Grafiche S.p.A. – Stabilimento di Prato

Peter Coolbak

L'INSOLITO CASO DEL CERCHIO E DEI NANI DA GIARDINO

GIUNTI Junior

Personaggi e interpreti...

Padre Thomas

Khor e Dakh

Le sorelle di Mukka Emma

Pronti per un'incredibile AVVENTURA?!

CAPITOLO I

Una telefonata inquietante

Era un fatto vero, uno scherzo o un mistero?

Era una dolce sera d'estate quando Mukka Emma, distesa sulla sedia a dondolo in terrazza, divagava sorseggiando tranquilla del sidro di mela ghiacciato. Il temporale, passato da due ore, aveva lasciato nell'aria i profumi del bosco. All'orizzonte il sole si era fatto spazio tra le nubi, colorando il profilo innevato dell'Hohgant, la cima più alta dell'Emmentaler. Emma amava molto quel paesaggio perchè lo trovava rilassante. In paese, ad Affoltern, c'era già aria di vacanza: mancava infatti solo qualche giorno alla fine della scuola e dai prati circostanti risuonavano le grida delle squadre di bambini impegnati nel gioco dell'hornuss. All'Hotel Mira Mukka erano giorni di gran movimento: la stagione turistica era già iniziata, ma restavano ancora molte cose da fare.

Wilma e Gilma, le due sorelle minori di Emma, erano venute all'Hotel per dare una mano...

«Passami quelle coperte! Sono lì!» esclamò Wilma, arrampicata sulla scala.

«Non posso!» rispose Gilma. «Devo andare, suona il telefono...»

Gilma si diresse frettolosamente verso la reception afferrando al volo la cornetta e fermando così quel trillo impazzito.

«Pronto? Certo! È il Mira Mukka» rispose con affanno. «La titolare?... Attenda, vado a chiamarla».

«Sai per caso dov'è finita Emma? La vogliono subito al telefono!» gridò Gilma dalla reception.

«Prima era in terrazzo, vado a vedere…» rispose Wilma, che nel frattempo era scesa dalla scala del magazzino, brontolando. «Emmaaa! Vieni! Al telefonooo!»

«Sai chi è?» rispose Emma con aria un po' assonnata.

«No! Non si è presentato, ma cerca proprio te» rispose Gilma.

Rassegnatasi, Emma alzò il suo dolce peso dalla sdraio e si diresse alla reception.

«Buongiorno, con chi parlo?» chiese Emma in tono pacato, mentre cercava di riprendersi dal piacevole relax.

«Ascolta bene, non importa con chi parli…» le rispose una voce bassa e piuttosto roca. «Tra qualche giorno potrebbe sparire per sempre una bambina!»

«Ma… Non capisco, di quale bimba… Con chi sto parlando?

Vorrei sapere con chi parlo!» gridò Emma, scossa da quelle parole.

«Tu, solo tu, puoi salvarla dal gioco in cui è caduta...» riprese nuovamente la voce tenebrosa. «Devi fare presto! Quando il tempo si sarà compiuto, quella giovane passerà nel Cerchio...»

Il messaggio si concluse con quelle parole terribili, lasciando solo il segnale ripetuto della linea interrotta.

Emma rimase per un po' al ricevitore, paralizzata da quella notizia.

«Chi era? Tutto bene?» chiese Wilma, vedendola così immobile e silenziosa.

«Una telefonata anonima ci avvisa che una bimba è in pericolo...» rispose la sorella, agganciando desolata la cornetta.

«I soliti squilibrati!» commentò un po' innervosita Gilma, che aveva seguito la scena. «Vedrai: vogliono solo spaventarti o magari crearti qualche problema, per tenerti lontana dai loro loschi affari».

«Non lo so, ragazze, è una questione delicata. Ci devo pensare prima di decidere se crederci o no» rispose Emma. Poi, accigliata, salutò le sorelle e si ritirò in camera.

Nel frattempo era calata la sera e dal lucernario filtrava un tenue riflesso rosato che si adagiava sui mobili, creando un'atmosfera ovattata e apparentemente serena.

Emma si sdraiò sul letto e fissò a lungo quel rettangolo di cielo che si spegneva lentamente nel blu cupo della notte.

«Che razza di problema! Che cosa devo fare?» considerò mentre giocava inquieta con i suoi capelli.

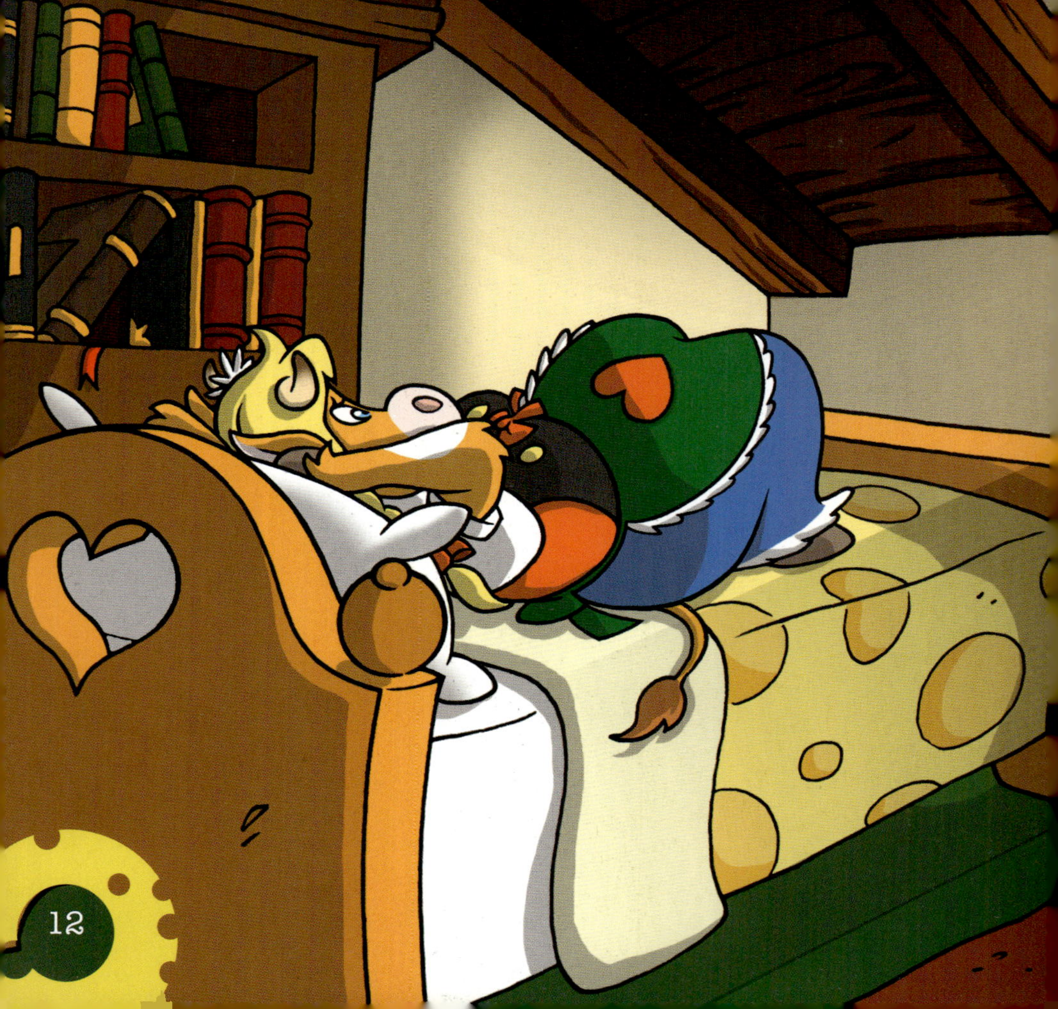

La stanza era avvolta nel silenzio, le ombre sulle pareti si allungavano. Dalla finestra aperta provenivano gli ultimi schiamazzi dei giochi serali dei bambini.

«Non posso permettere tutto questo! Nemmeno per scherzo!» esclamò Emma, alzandosi dal letto e aggirandosi nervosa e confusa per la stanza.

Dopo tanti ragionamenti, arrivò un'intuizione, inaspettata come un fiore tra i ghiacci. Quelle voci in lontananza suggerivano una strada:

«I bambini! I bambini! Loro sapranno!».

CAPITOLO 2

Non tutti i casi arrivano per caso

La sorte segnò un percorso
e come un fiume seguì il suo corso

La scomparsa di una bambina è un caso estremamente delicato. Pertanto Emma dovette comunque denunciare l'anonima telefonata alla polizia di cantone e non poté agire da sola.

Nei panni dell'investigatrice, dopo aver indossato l'impermeabile giallo coi buchi, Emma si diresse a passo svelto nella notte fino al commissariato di Affoltern.

Quel soprabito, realizzato da nonna Dorotea e ispirato al formaggio preferito di Emma, l'Emmentaler, era un portafortuna, oltre che un chiaro segnale d'inizio delle indagini.

Il commissario Bären, un orso corpulento e cordiale,

era impegnato, tra montagne di carte e documenti, nel risolvere una scaramuccia vicino a Eggiwil.

«Posso? Disturbo Bären?» chiese Emma sbirciando attraverso la porta della sala d'attesa.

«Emma! Che piacere! Entra pure… È un po' che non ci vediamo! Che cosa ti porta a quest'ora? Una visita o abbiamo qualcosa di nuovo?»

«È terribile, Bären! Potrebbe essere un rapimento! Qualche ora fa ho ricevuto una telefonata anonima che mi preannunciava la scomparsa di una bambina. Tu non ne sai niente?»

«Anonima, anonima! Il mondo è pieno di anonimi e di pazzi, se dovessimo seguire tutte le telefonate anonime che riceviamo saremmo messi bene, Emma!» esclamò Bären che riusciva allo stesso tempo a sorridere e a masticare tenacemente il bocchino della sua pipa, spenta.

«È vero! Il mondo è pieno di pazzi ma, a volte, sono talmente pazzi che fanno sul serio» ribadì Emma.

«Non possiamo permetterci di sbagliare sulla sorte di una bambina, Bären! Non tutti i casi arrivano per caso».

«Naturalmente, capisco!» rispose Bären. «Ma finora nessuno ha denunciato la scomparsa di una bambina, pertanto non posso fare molto. Ad ogni modo manderò i miei uomini a effettuare un controllo. Comunque puoi contare sempre su di me, lo sai…».

Il messaggio era chiaro: Emma avrebbe dovuto iniziare le indagini da sola. L'incontro con Bären aveva lasciato l'investigatrice un po' perplessa per il fatto che il commissario non aveva notizia di alcun rapimento: effettivamente, se fosse scomparsa una bambina qualcuno avrebbe sicuramente sporto denuncia...

Nella migliore delle ipotesi il rapimento non si era verificato, e forse la telefonata era stata solo uno scherzo di cattivo gusto.

A pensarci bene, però, il tono serio e cupo della voce al telefono non faceva pensare a nulla di buono.

Emma non poteva perdere tempo, di fronte a un'ipotesi così inquietante, per cui, la mattina seguente di buon'ora, si recò alla scuola di Affoltern per verificare se negli ultimi tempi ci fossero state assenze sospette e per ottenere un elenco generale delle bambine di Affoltern.

Il direttore scolastico, la professoressa Karin Sigghen, ascoltò con stupore ed apprensione il racconto della telefonata di Emma.

Controllando i registri delle classi, Karin Sigghen rilevò che nell'ultimo mese solo due bambine della 4ª E erano mancate alcuni giorni per motivi di salute: Sophie Lothard e Marie Bertrant.

Mentre Sophie era rientrata proprio nell'ultima settimana di scuola, Marie risultava ancora assente e aveva concluso l'anno scolastico senza dare più alcuna notizia.

Emma conosceva bene i ragazzi della zona. Molti passavano al bar del Mira Mukka per un gelato o un'aranciata. La sera poi, alcuni frequentavano il

corso di Alphorn tenuto da Xelma nella sala convegni dell'hotel.

Entrambe le bambine abitavano a Emmenmatt, un piccolo paese fuori Affoltern. Per questo Emma non le conosceva e di loro non sapeva pressoché nulla. Dalla loro scheda scolastica era risultato che entrambe giocavano nella stessa squadra di hornuss.

CAPITOLO 3
La squadra di hornuss

In una battaglia di fuoco,
mazze e scudi si scontravano per gioco

Alle 17.30 di ogni pomeriggio, si riuniva a Sumiswald la squadra mista giovanile di hornuss, una specie di baseball svizzero.

L'hornuss è un antico gioco dell'Emmental, molto amato dai ragazzi, ma assai poco adatto alle mucche fuori taglia.

Emma, in attesa della fine degli allenamenti, si sedette a guardare il gioco sulla panchina a lato del campo: la squadra concludeva sempre la sua preparazione con una partitella.

Dalla piazzola in terra battuta il lanciatore colpì con una lunga mazza elastica una piccola noce nera che schizzò nel cielo in direzione di un grande prato.

In fondo, apparentemente alla rinfusa, una schiera di ragazzi e ragazze si sfidava a bloccare, nel punto più vicino alla base, quella noce impazzita e sibilante con l'aiuto di una lunga pala di legno.

«Punto! Punto! È punto fatto! » gridò esaltato il coro stonato di una delle due formazioni.

Nell'insieme poteva sembrare un'antica battaglia rinascimentale, dove le armi e gli scudi si intrecciavano nel cielo.

Quella scena ricordò a Emma quando nonna Dorotea correva per casa con la paletta per schiacciare gli insetti fastidiosi.

L'allenamento finì.
Emma si mise all'uscita degli spogliatoi pronta a domandare ai ragazzi qualche notizia su Sophie e Marie.

Dal gruppo dei giovani guerrieri sudati sbucò timidamente una bimba bionda con capelli a spazzola e una treccina sulla nuca.

«Sono io, Sophie Lothard. Ti conosco, tu sei quella del Mira Mukka! Vero?»

«Ciao Sophie! È vero, sono Emma e sto cercando la tua amica Marie... Sai dirmi dov'è adesso?»

«Marie è malata! È da tanto che non viene agli allenamenti, sua mamma non ci fa nemmeno entrare in casa, dice che è pericoloso e che sta male».

«Devo parlarle al più presto, sai...» rispose Emma con tono preoccupato. «Mi spieghi come arrivare da lei?»

«Abitiamo tutte e due ad Emmenmatt,» rispose Sophie «ma la casa di Marie è una baita sopra il bosco. Poco prima del paese, vicino alla ferrovia, c'è la nostra fattoria. Mio padre si chiama Hans, vedrai che ti saprà dire come arrivare alla baita…»

I ragazzi decisero di scrivere un biglietto di saluti per Marie e lo consegnarono a Emma.

L'investigatrice prese la strada per Emmenmatt e, nei pressi del passaggio a livello, scorse la fattoria del signor Hans.

Da lontano si poteva già capire la grandezza del fabbricato, che compariva imponente attraverso gli alberi.

La facciata era rivestita di legno antico, abbellita da lunghe fioriere rosse. Al centro spiccava una collezione storica di campane di famiglia.

Rosette, la mamma di Sophie, accolse Emma con un gran sorriso invitandola a prendere un caffé nella cucina al piano basso. La donna disegnò allora una piccola mappa, indicando la strada per la casa di Marie, a una mezz'ora dal bosco di Frittenbach.

La famiglia Bertrant viveva nella malga di Frittenbach tutto l'anno.

Ogni mattina Marie partiva molto presto, percorreva il sentiero della valle fino alla casa di Sophie e, insieme all'amica, raggiungeva la scuola di Affoltern.

Emma prese il sentiero per la malga, che saliva dolcemente attraverso i boschi e guadava ogni tanto i ruscelli rigonfi di acqua estiva.

Nell'ultimo tratto il percorso si restringeva e saliva tra le rocce fiancheggiando il fiume Emme fino alla baita di Frittenbach.

A un tratto Emma vide una casa di legno molto vecchia, isolata ai margini del bosco proprio su un piccolo promontorio.

Una giovane donna stava stendendo il bucato nei pressi dell'orto.

Non sapendo da dove cominciare, Emma si finse un'escursionista in passeggiata e domandò alla signora alcune informazioni per raggiungere il laghetto di Frittenbach e la famiglia Bertrant.

A quella domanda la giovane donna impallidì ma, superato il primo imbarazzo, domandò a Emma come mai cercasse proprio la famiglia Bertrant.

«A dirla tutta, sto cercando una bambina di nome Marie» rispose Emma. «Sono da queste parti e dovrei consegnarle una lettera da parte dei suoi compagni di hornuss. Approfittando del bel tempo ho deciso di passeggiare e portargliela».

«Oh, capisco...» rispose precipitosamente la donna. «Io sono Marianne Bertrant, la mamma. Marie non può ricevere visite perché è malata! È meglio non disturbarla! Può dare comunque tutto a me, le leggerò io la lettera quando si sveglia...»

«Va bene, Marianne, sarò più chiara...» si svelò allora Emma, che aveva intuito le resistenze della mamma «devo vedere subito Marie. Sto conducendo un'indagine per un caso molto importante e ora non le posso spiegare tutto...»

«Marie non sta bene! Non insista per favore! Le prometto che le darò la lettera» ribadì Marianne con gli occhi arrossati.

«Marianne! È successa una cosa grave! Una bambina è in pericolo!» insistette Mukka Emma. «Non me ne andrò di qui finché non avrò parlato con Marie...»

Marianne pallida e provata, si sedette sul gradino di fronte alla casa e, con la testa tra le mani, confessò piangendo la sua disperazione.

Marie era sparita e non sarebbe tornata più!

CAPITOLO 4

Un nano verde troppo sorridente

Un personaggio dall'aria amena
con in una mano uno strano anatema

Marie era scomparsa da oltre sette giorni e Marianne non aveva avuto più alcuna notizia.

All'inizio avevano pensato a una fuga da casa, per un diverbio con la mamma… cose di poca importanza.

«Ogni tanto i ragazzi fanno un po' di testa propria…» ammise singhiozzando Marianne, e già altre volte Marie era andata a dormire nel fienile dell'amica Sophie per giocare.

Ma stavolta era diverso.

La mattina seguente la scomparsa, infatti, Marianne aveva trovato sulla porta di casa un nano di gesso dall'aria sorridente con in mano una lettera chiusa da un grosso sigillo rosso.

In quel momento pensava ancora a uno scherzo, ma quando ebbe staccato il sigillo e aperta la lettera, quello strano personaggio sorridente si ruppe in mille pezzi emanando un vapore maleodorante.

Il messaggio non lasciava alcun dubbio:

Marianne fece entrare in casa Emma e le mostrò la lettera.

L'investigatrice, turbata da quelle parole, lesse e rilesse il messaggio cercando di ricavarne un senso logico, ma senza riuscirvi.

La situazione era ben più drammatica di quanto immaginasse. Era fin troppo chiaro il motivo per cui nessuno aveva saputo nulla fino a quel giorno: quella terribile minaccia non lasciava possibilità di scelta alla famiglia di Marie che, intimorita, aveva mantenuto il segreto.

Qualcuno, però, non stava al gioco e, con la telefonata al Mira Mukka, aveva voluto informare Emma del rapimento. Chi poteva sapere qualcosa ? Quella voce al telefono era anonima ma pur sempre reale!

Bisognava fare delle ricerche nel massimo della segretezza, ma era necessario non perdere tempo!

Dopo aver abbracciato e rassicurato Marianne, Emma raccolse i frammenti del nano, li infilò nello zainetto e riprese in fretta la strada per il Mira Mukka, dove arrivò che era già sera.

Dopo essersi ritirata in camera, si mise subito al lavoro.

Per prima cosa doveva riordinare le informazioni sui fatti avvenuti fino a quel momento e formulare qualche ipotesi sensata. Solo così avrebbe potuto decidere la pista da seguire.

"Devo saperne di più su quel nano..." fu il primo pensiero che le balenò in mente.

Era noto che i giardini e le case dell'Emmental godessero della presenza benefica dei nani in gesso. Anche Emma, d'altra parte, per l'ingresso del Mira Mukka ne aveva fatto fare uno che abbracciava sorridente nonna Dorotea.

Ma all'interno del racconto di Marianne c'era un particolare che la inquietava e la faceva riflettere: quella statuetta si era misteriosamente distrutta…

Davanti ai cocci del nano, Emma non trovò una immediata spiegazione e si ricordò che qualche anno prima si erano verificati diversi casi di sparizione di nani da giardino.

A quel tempo lei non si era occupata del caso, ritenendolo solo un grattacapo per l'Orso Bären, impegnato, non poco, nel gestire le proteste dei proprietari…

Alla fine la faccenda si era rivelata anche più seria del previsto e quei furti erano stati rivendicati da un vero "Gruppo Nazionale di Liberazione del Nano da giardino".

I membri del Gruppo di Liberazione agivano di notte e, considerando i nani prigionieri dell'uomo, li prendevano e li liberavano nei boschi.

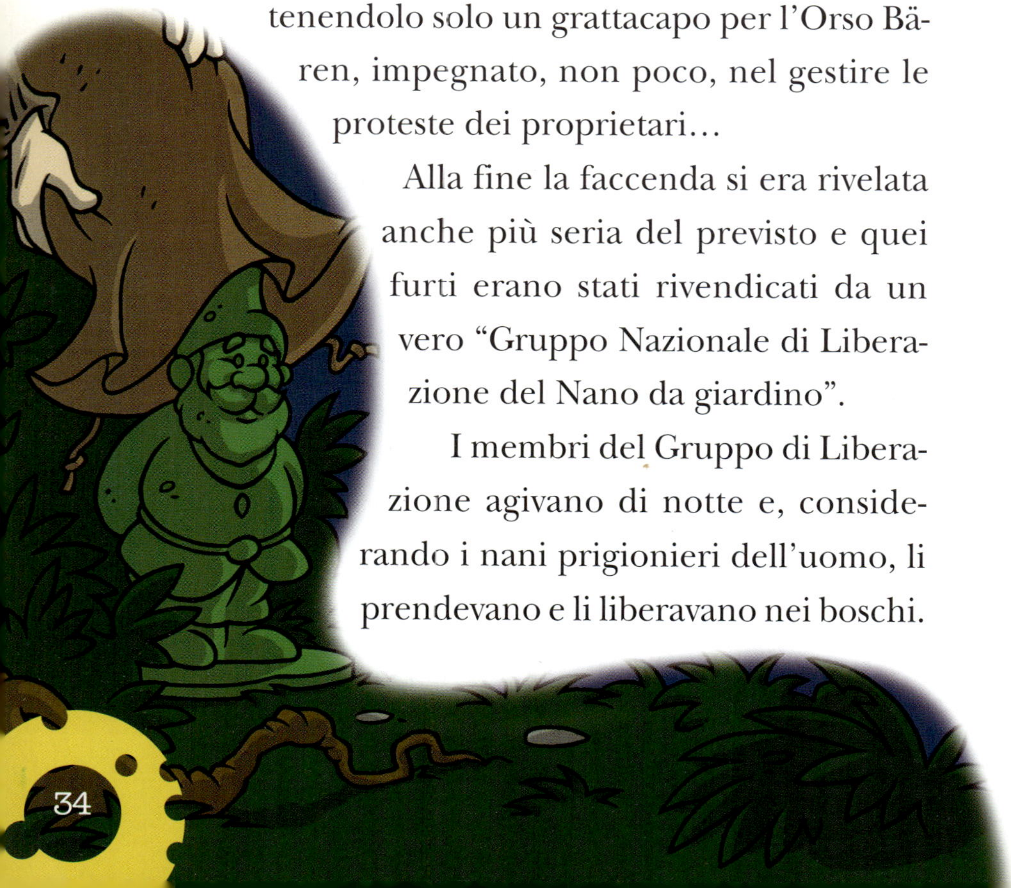

Nonostante tutte le ricerche e le testimonianze raccolte, Bären era riuscito solo a individuare una rosa di sospettati, senza trovare i capi dell'organizzazione.

Si era fatto tardi.

Nonostante la stanchezza, Emma provò a ricomporre il nano incollando i frammenti che aveva ricevuti da Marianne.

Dal collage dei pezzi rotti era risultato un personaggio sorridente, con una lanterna in mano, che scrutava nell'oscurità a occhi socchiusi…

«Che razza di nano è, questo! Sembra un vecchio che annaspa nel buio…» considerò Emma mentre collocava la statuetta ai piedi del camino. «La notte porta consiglio…» La mucca era davvero stanca e decise che era giunto il momento di infilarsi sotto il piumone.

La notte però fu illuminata da una luce verdastra che all'improvviso apparve nella stanza.

Quando Emma si svegliò, la camera era immersa in un chiarore irreale, gli oggetti e le pareti tremavano sotto lampi di luce color smeraldo...

Superato lo spavento iniziale, Emma si alzò dal letto e notò che stava accadendo qualcosa di strano al nano aggiustato la sera prima.

La statuetta diventava sempre più luminosa, come se fosse arsa dall'interno.

Superata la prima ragionevole fifa, Emma afferrò il treppiede del bisnonno Rudolf e lo scagliò con forza sul nano deforme.

La statuetta si frantumò nuovamente in mille pezzi, sprigionando un vapore dall'odore dolciastro e stomachevole.

Dopo aver rovesciato dell'acqua sui resti fumanti, Emma uscì di corsa verso la stanza di Wilma in cerca di riparo.

«Che ti succede, cara? Hai un aspetto orribile!» borbottò Wilma, tutta assonnata, mentre apriva la porta.

«Non riesco a dormire, fammi posto da te...» rispose Emma un po' affannata.

Wilma non si fece più di tante domande e condivise letto, coperte e piumone con la sorella, come succedeva quando erano piccole. A quei tempi, infatti, tutte le sorelle dormivano in un unico letto e non mancavano ovviamente le cuscinate serali o qualche scherzo, come il "letto a sacco" o lo zucchero sul cuscino...

La mattina, di buon'ora, Emma si affacciò con prudenza alla sua camera per capire se la situazione era tornata tranquilla. E così le apparve...

«Farò pulire! Pazienza...» si disse.

Mentre camminava sul parquet bagnato, si accorse di un ranocchio che, sbucato dai cocci, saltellava.

«E tu che ci fai qui!?» domandò, afferrando la piccola bestiola che, terrorizzata, si divincolava per scappare.

Emma liberò il ranocchio nel giardino, fece colazione e si diresse a Durrenroth, dove l'amico Berth le aveva procurato, grazie all'aiuto di un amico influente, un incontro molto segreto.

CAPITOLO 5

Il Gruppo Nazionale di Liberazione del Nano da giardino

Una setta misteriosa…

ignorava tutto o sapeva qualcosa?

Emma viaggiava da più di mezz'ora con gli occhi bendati, bloccata da un braccio forte e muscoloso. La macchina su cui era salita procedeva ad alta velocità, oscillando per strade dissestate e sentieri pieni di buchi. Per incontrare i vertici del "Gruppo Nazionale di Liberazione" Emma aveva contrattato le condizioni con un personaggio influente della valle, che aveva fatto da tramite con la setta. Quell'appuntamento doveva svolgersi nella massima segretezza.

Scesa dall'auto, Emma, ancora bendata, fu condotta in modo sbrigativo all'interno di un portone e attraverso un tunnel sotterraneo.

L’odore della muffa e del salnitro non lasciava respirare.

«Puoi togliere la benda!» dichiarò una voce dal fondo della grande sala buia.

Emma si liberò allora dal mascheramento e, guardandosi in giro silenziosa, cercò di capire dove fosse finita.

Lo stanzone era piuttosto umido ed era separato nel mezzo da una paratia di legno, al di là della quale si intravedevano alcune figure nell'ombra.

Una fila di candele, collocata sul bordo della paratia, proiettava sulla volta delle ombre ondeggianti come ballerine.

«Cosa cerchi e che cosa vuoi da noi? » chiese una voce dal fondo della stanza.

«Abbiamo trovato un nano verde in una malga a Frittenbach» rispose Emma. «Quella statuetta portava con sé un messaggio minaccioso e orribile... Voi ne sapete qualcosa?»

«Immagino che lei sappia perché rischiamo la vita per liberare delle statuette di gesso...» rispose una voce cupa, avvolta da una tonaca scura. «Noi amiamo e rispettiamo tutto ciò che è naturale. La natura non dev'essere turbata dall'uomo con goffe statuette di gesso a forma di nano».

In quel momento Emma provò un certo imbarazzo pensando al suo, collocato davanti al Mira Mukka.

«Il nostro è un movimento libero e pacifico» riprese una seconda voce. «Non sappiamo nulla di questo messaggio e non minacciamo nessuno! Vogliamo solo salvare delle creature costrette in schiavitù...»

«Non son qui solo per il nano verde, naturalmente...» rispose Emma. «Sono successi fatti molto gravi: una bambina è stata rapita e abbiamo trovato la prova sicura della sua scomparsa nelle mani di quel nano verde a Frittenbach».

«Strano davvero! » rispose la voce nell'ombra. «Di questi fatti però, nulla sappiamo e nulla possiamo».

«Marie è stata rapita! La bambina è in pericolo di vita, dovete aiutarci!» ribadì Emma, che lesse la lettera e raccontò l'episodio avvenuto nella sua camera la notte precedente.

«Ci dispiace per la bimba» rispose la voce. «Noi ci occupiamo solo dei nani».

«Appunto per questo, ditemi tutto su di loro» chiese Emma con insistenza.

«Lo spirito dei nani da giardino è imprigionato nel gesso a causa dell'uomo...» cominciò la prima voce.

«Per questo abbiamo deciso di liberarli nei boschi e colorarli di verde. In questo modo i nani recuperano il loro spirito e tornano a sorvegliare la natura».

«Dobbiamo ammettere però che, negli ultimi tempi, qualcosa è cambiato...» continuò la seconda voce. «Centinaia di nanetti verdi liberati nel bosco mancano all'appello...»

«In che senso? » chiese Emma.

«Qualcuno, oltre al commissario Bären, sta facendo il gioco contro di noi» rispose la voce. «Qualche mente criminale cattura i nostri nani liberati nei boschi».

«Avete qualche sospetto?» domandò inquieta Mukka Emma.

«In un primo momento, abbiamo pensato che i proprietari dei giardini fossero andati a riprenderli» rispose cupa la voce. «In realtà non è così: abbiamo scoperto che i nani non tornano nei giardini, ma vengono rotti e abbandonati lungo i corsi d'acqua dell'Emme sopratutto nella zona di Huswil».

Emma, perplessa da quella rivelazione, restò in silenzio a riflettere.

In effetti se le cose stavano veramente così, il Gruppo di Liberazione del Nano aveva perso il controllo della situazione e stava brancolando nel buio. Proprio come lei…

L'incontro con i capi del Gruppo si concluse con quelle parole.

La guardia le rimise la benda e, prendendola per un braccio, la condusse all'esterno fino alla macchina, rimasta ferma col motore acceso.

CAPITOLO 6

Fatti e misfatti della storia persi nella memoria

In Cattedrale, un volume illustrato
sfuggì per caso al tempo ignorato

Quando Emma scese nella piazzetta, la macchina ripartì sgommando, disperdendosi nelle strade di Langnau. Berth si affrettò andando incontro all'amica, immobile sul marciapiede e ancora frastornata da quel viaggio concitato.

«Com'è andata, allora?» domandò il cervo, mentre la liberava dal fastidioso mascheramento.

«Non sanno nulla della bambina!» rispose Emma. «Ti dirò di più, anche loro hanno problemi...»

«In che senso ?» chiese Berth. «Che tipo di problemi hanno?»

«Furti di nani! Qualcuno prende i nani liberati dal Gruppo e li abbandona, rompendoli lungo i fiumi e in fondo ai laghi...»

«È incredibile! Qualcuno ruba "in casa del ladro"? Che tempi! Non si capisce più nulla...» esclamò Berth.

«Anch'io in un primo momento sono rimasta perplessa...» rispose Emma. «Ammetto di aver pensato che mi stessero prendendo in giro. A questo punto credo però che la verità sia ben diversa da come si presenta ai nostri occhi e che dobbiamo cercarla altrove...»

«Sei dunque convinta che il Gruppo di Liberazione del Nano non c'entri nulla con questa storia e che qualcun altro stia controllando le loro statuette?»

«È così!» rispose Emma. «La chiave del mistero sta proprio in questo: per quale ragione sono state scelte proprio le statuette verdi colorate dal Gruppo e non quelle comuni che si trovano nei giardini della valle o davanti al Mira Mukka?»

«Probabilmente perché quelle liberate erano più facili da prendere!» ribadì Berth.

«No! Non credo sia per questo. Mi ha fatto riflettere una frase pronunciata da uno dei loro capi, quando ha detto che i nani hanno uno spirito.

Quando un nano viene liberato in un bosco questo spirito rivive e torna libero!» rispose Emma.

«E tu credi questo possibile?» ribadì Berth.

«Non so se è la strada giusta, Berth, ma è l'unica che in questo momento mi convince! Qualcuno è interessato ai nani liberati nei boschi e al loro spirito, non alle statuette, che infatti sono abbandonate ormai rotte» concluse Emma.

Nel frattempo, il cielo s'era fatto scuro e un vento fastidioso faceva volare la polvere e i pollini estivi, creando dei mulinelli ai bordi del marciapiede.

«Torniamo in albergo» suggerì Emma. «Preparo le valige e domani partiamo per Berna. Là conosco chi potrà darci informazioni preziose. Dobbiamo saperne di più sui corsi d'acqua, sui laghi, sulla valle e sui nani… A questa storia manca ancora un pezzo importante».

La cattedrale di San Vincenzo emergeva dal centro di Berna come un'astronave atterrata nel mattino svizzero.

Scesi dal tram, si trovarono a pochi passi dalla piazza principale, dominata da una torre altissima.

Le strade erano affollate. Mille vetrine, un via vai ininterrotto di cose e persone...

Un mondo nuovo e strabiliante per chi, come Berth, viveva tra valli, montagne e quattro pascoli tranquilli.

«Attento Berth! Attento! Siamo in città!» esclamò Emma, agguantandolo per un braccio. «Non viaggiare come tuo solito con la testa tra le nuvole. Stai a destra, se non vuoi finire come polpetta di cervo sotto qualche automezzo!»

«Emma! La torre… Andiamo a vedere… C'è un orologio animato. Fantastico!» gridava il cervo, colpito dai colori e dai movimenti dei personaggi che entravano e uscivano dal quadrante del grande orologio.

«Ti ricordo che abbiamo fretta e che Thomas ci aspetta per le dieci in punto!» lo riprese Emma, spazientita.

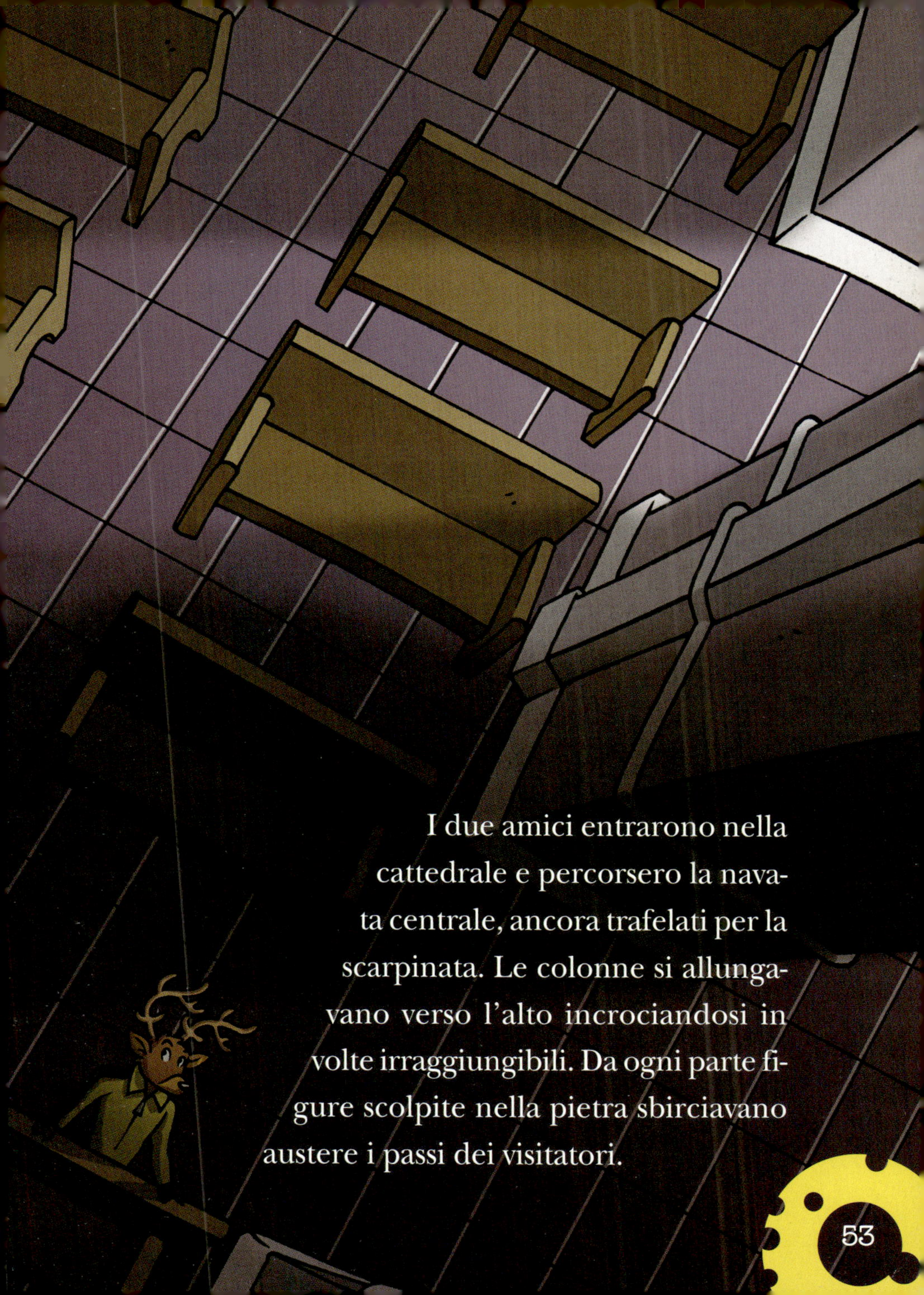

I due amici entrarono nella cattedrale e percorsero la navata centrale, ancora trafelati per la scarpinata. Le colonne si allungavano verso l'alto incrociandosi in volte irraggiungibili. Da ogni parte figure scolpite nella pietra sbirciavano austere i passi dei visitatori.

La luce era perfetta e attraversava le vetrate colorate, lasciando intravedere dall'interno i profili del borgo circostante.

Improvvisamente il maestoso organo dorato che si trovava sul lato opposto all'altare iniziò a suonare.

La musica riempì la navata di note imponenti e armoniose, che sembravano far vibrare i corpi e le anime dei visitatori.

Quale atmosfera!

Il pastore Thomas aspettava in piedi silenzioso.

«Caro Thomas! Quanto tempo!» esclamò Emma andandogli incontro e abbracciando il vecchio come una bambina.

Thomas, anche se massiccio e piuttosto robusto, riuscì con fatica a contenere lo slancio amichevole e sincero di Emma.

«È una bellezza rivederti. Vedo che sei accompagnata...» balbettò in qualche maniera il pastore mentre cercava di salutare anche Berth, rimasto da parte. «Venite, andiamo di là così parliamo con più calma» continuò Thomas.

I tre si diressero alla casa del pastore, un'abitazione modesta e ordinata.

«Vi ho preparato un buon tè».

«Quanti anni, Thomas, ti trovo sempre in forma...»

«Anche tu Emma, sei sempre vivace come a scuola...» rispose Thomas.

«Caro professore» continuò Emma. «Non si finisce mai di imparare. Infatti sono qui perché ho ancora bisogno di te! Non posso dimenticare quando ci raccontavi gli eventi e le leggende avvenuti in queste valli».

«Dimmi dunque come posso aiutarti...» rispose il vecchio.

«Devo risolvere un caso difficile. Si tratta del rapimento di una bambina e tutto mi fa pensare che questo brutto affare sia legato a fatti a me sconosciuti» cominciò l'investigatrice.

Thomas ascoltò con molta attenzione il racconto di Emma: la telefonata misteriosa, la presenza inquietante dei nani, il Gruppo di Liberazione...

Quando Emma lesse la lettera lasciata a Marianne, Thomas ebbe un sussulto e sbiancò in volto. Il racconto si fermò in un punto preciso e gli sguardi si incrociarono a lungo nel silenzio, come se le ipotesi successive fossero impronunciabili.

«Il Cerchio! Il Cerchio...» borbottò Thomas con aria preoccupata. «L'avevamo dimenticato... ma i vecchi lo sanno...»

Thomas iniziò allora a raccontare che, nel 1707, la Svizzera era impegnata nelle grandi guerre di religione, insomma le solite cose su chi ha ragione... Spesso però, nella storia dell'uomo, oltre agli eventi ufficiali, esistono anche i piccoli fatti, quelli dimenticati solo perché meno evidenti.

«È una storia triste» continuò Thomas. «Ormai pochi la ricordano. Quel posto oggi sarà probabilmente un bosco selvaggio e abbandonato...».

Thomas aprì così una porticina di legno a lato della cucina e invitò Emma e Berth a seguirlo.

Dopo aver percorso un corridoio stretto e basso, finirono in una stanza di legno completamente stipata di libri. Gli scaffali erano pieni e ricurvi per il peso dei grossi volumi. Sul pavimento si alzavano delle pile di annuari e documenti di vario genere, ma in quel grande universo di carta tutto era al proprio posto.

«Vediamo, vediamo... dovrebbe trovarsi qui tra il volume dei *Disastri vari ed assortiti della Guerra di*

Svevia e il manuale di *Storia ragionata dei Cantoni senza cantonate...*» replicò Thomas. «Eccolo infatti! È proprio questo grosso fascicolo. Qui potrai trovare qualcosa di interessante sulla storia della valle...»

«Thomas sei un grande! Era quel che cercavo» esclamò Emma soddisfatta e fiera del vecchio professore. «Studierò tutto e ti farò riavere il libro al più presto, prima della mia partenza da Berna».

Emma e Berth uscirono dalla casa di Thomas ripassando per la cattedrale deserta.

Le panche erano state accatastate al centro della navata principale. Un vecchietto con un grembiule nero stava lavando con calma il pavimento.

«Passate al largo, che qui è bagnato!» li riprese il vecchio con voce rude mentre, curvo sul secchio, risciacquava uno straccio. «... L'acqua nasconde le peggiori insidie».

CAPITOLO 7

Delle storie e dei misteri della valle dell'Emme

Per tre volte nel tempo passato
lo stesso destino si era avverato

A poca distanza dalla cattedrale si trovava l'Hotel dell'Orso, dove Emma e Berth avrebbero passato la notte.

La camera di Emma era piccola e accogliente. Dalla finestra si poteva vedere la via principale con i suoi ampi porticati e il conservatorio, dove Xelma aveva studiato per alcuni anni.

Emma appoggiò il grosso tomo di Thomas sul tavolo e si sdraiò un istante sul letto. Bastarono pochi secondi che nella sua mente riaffiorò il suo passato di studentessa alla Scuola Alberghiera di Berna.

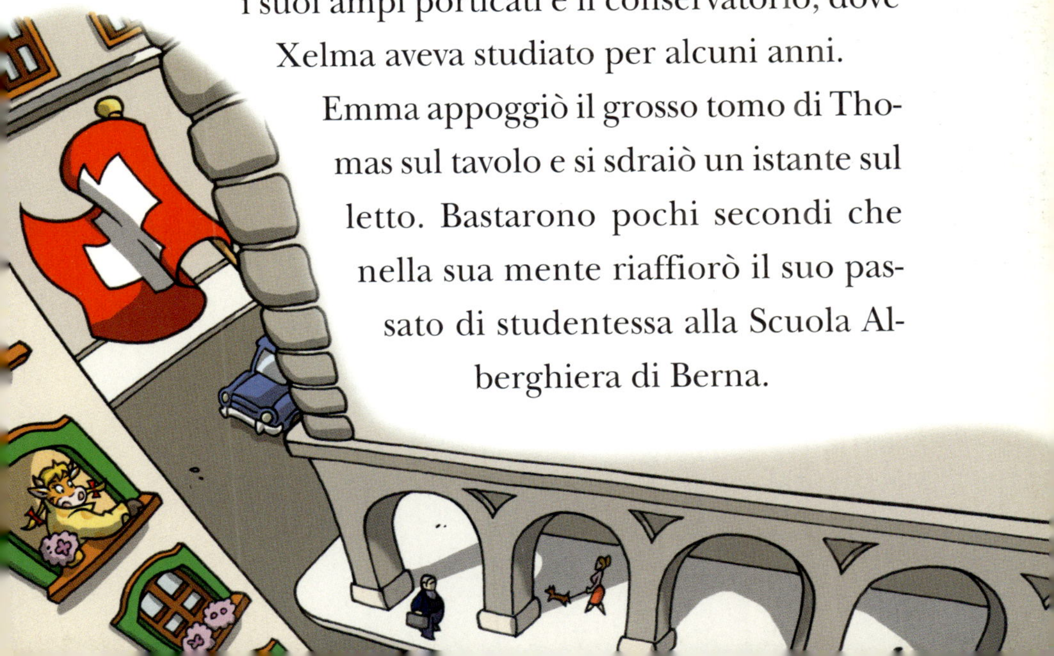

Berth, che nel frattempo aveva scelto di fare un giretto, l'avrebbe raggiunta più tardi.

Delle storie e dei misteri della valle dell'Emme enunciava il titolo dorato in rilievo sulla copertina.

Il pesante volume, rilegato in pelle con rifiniture metalliche, sembrava minaccioso già dall'esterno.

Emma lo aprì a caso, intorno alla metà.

In un antico disegno, un giovane signore con una pancia ingombrante teneva al guinzaglio sette topi e se ne andava passeggiando fiero per le strade del centro di un piccolo villaggio di montagna.

"No" pensò Mukka Emma. "Non è quello che sto cercando".

Sfogliò ancora altre pagine curiosando qua e là tra immagini, racconti e documenti. In quel tomo c'era veramente di tutto, un universo sconosciuto che le valli svizzere avevano nascosto e protetto per tanti secoli.

"Troppo, in questo libro c'è troppo materiale! Così non concludo nulla..." pensò tra sé e sé Mukka Emma. "Devo procedere con ordine".

Ripartì così dall'inizio, cercando di capire dall'indice dove trovare qualcosa di interessante.

Indice dei capitoli:

- Degli Astri anomali sopra la Svizzera
- Dei Leocoonti e degli Anfibi pericolosi nei laghi di montagna
- Ipotesi sui Wallsee di Mullach (molto incerte)
- Misteri irrisolti (noti)
- Misteri irrisolti (quasi del tutto ignoti)
- Sètte bianche di vario tipo (benefiche)
- Sètte nere (malefiche)
- Maghi in ordine decrescente di altezza
- Buffoni e cantastorie
- Mercanti di patacche
- Trattato sui nani e sugli gnomi
- Fate miste
- Streghe 1: guida ragionata europea
- Streghe 2: locali e conosciute
- Streghe 3: aspiranti (raccolta di curriculum)
- Degli uomini e dei topi (delitti e processi)
- Dei processi della valle dell'Emme
- Dei contrabbandieri e dei malfattori

A pagina 952, nel *Trattato sui nani e sugli gnomi* si trovava un lunghissimo elenco di nani e di gnomi conosciuti nella valle dell'Emme, classificati e divisi in gruppi diversi.

Nani e gnomi di tutti i tipi e colori.

12- Nano grigio

Si parlava infatti di nani e gnomi protettori, nani guardiani, nani del bosco, nani di valle, nani per la casa, nani e gnomi per il giardino, nani minatori, nani barbuti, nani grigi…

Nel capitolo in fondo al trattato, l'autore del saggio, un certo Markus Eggly descriveva il Gruppo di Liberazione del Nano come un movimento naturalistico di origine recente, astenendosi però dal prendere una posizione nei suoi confronti.

In nessuna parte del trattato si faceva però riferimento a vicende simili ai fatti successi; nessun esempio, insomma, di nani verdi con lettere minacciose, che si rompessero e s'incendiassero all'improvviso…

Nel saggio, diviso in sezioni e capitoli, si parlava della passione dei nani per i cunicoli e per le gallerie sotterranee oltre che di una certa repulsione per l'acqua corrente. Secondo Markus Eggly, infatti, i nani protettori dei boschi si sarebbero guardati bene dal lavarsi la faccia o le mani in qualche corso d'acqua per il solo timore di finirci dentro.

Nella sezione quattro, intitolata Misteri irrisolti abbastanza noti veniva raccontata la vicenda del Monte Forca di Huswil, riportandone i fatti fino alle ultime testimonianze.

Il 31 giugno 1808 due sorelle, innamorate segretamente dallo stesso ragazzo, litigarono furiosamente mentre passeggiavano sulla collina di Huswil.

La discussione finì in tragedia e una delle due scivolò inavvertitamente nel precipizio dietro la collina. Nonostante lunghe e ripetute ricerche, la ragazza caduta nel baratro non fu più ritrovata.

La collina del misfatto fu ribattezzata "Monte Forca", dichiarata luogo maledetto e rinchiusa da una palizzata circolare per vietarne l'accesso, considerato a quel punto pericoloso.

Esattamente cent'anni dopo, il 31 giugno 1908 nello stesso luogo avvenne una seconda tragedia. Due cugine, Sonja e Susanne, mosse dalla curiosità di vedere cosa ci fosse oltre la palizzata nel bosco, superarono il cerchio proibito.

Delle due bambine, una ritornò a casa smarrita e turbata, dell'altra non si seppe più nulla. Completamente scomparsa.

Emma lesse e rilesse più volte le date…

Il 31 giugno. 2008! Marianne aveva ricevuto la lettera della scomparsa di sua figlia sette giorni dopo…

Marie Bertrant era così la terza, e l'ultima nel tempo, delle misteriose scomparse a distanza di cent'anni sul Monte Forca.

Non passò molto che rientrò Berth dal giro in città con in mano un grosso vassoio.

«Ecco il pranzo! Hai fame o vuoi saltare la cena?!» esclamò il cervo entrando in camera e appoggiando il ricco assortimento di frutta e di formaggio.

«Berth, sei un tesoro!» rispose Emma. «Stavo morendo di fame… ma questa indagine mi tiene sulle spine…»

«Ci vuole sempre un po' di energia per pensare! Non credi?» proseguì Berth.

E dicendo così, cominciò a dividere in porzioni il buon formaggio con i buchi e a versare il sidro fresco per sé e per Emma nei bicchieri.

«Dobbiamo riflettere sui fatti. Ho scoperto una cosa importantissima, Berth! Nell'area di Huswil la scomparsa di una bambina era già avvenuta sia cento che duecento anni fa. E non solo: esattamente nello stesso giorno in cui è scomparsa Marie, il 31 giugno. Inoltre ho capito dai documenti che gli gnomi non amano l'acqua e quindi è assolutamente improbabile che qualcuno li abbia messi nel fiume e nei laghi per liberarli o fare loro un piacere…».

La sera era calata sulla città, accendendola di luci colorate e profumi invitanti.

I documenti e le informazioni raccolte in quelle ore stavano disegnando, sotto gli occhi di Emma, uno scenario inquietante, calato nella storia antica della valle.

Per venire a capo del rapimento di Marie mancava infatti ancora un tassello fondamentale: perché in quella zona si ripeteva un fatto così terribile alla stessa data, ogni cent'anni? La scomparsa di Marie sarebbe stata l'ultima?

Qualcosa di incomprensibile, poi legava i fiumi ai nani e i nani alla scomparsa di Marie.

«L'acqua nasconde insidie...» esclamò Emma e le tornò in mente chi aveva pronunciato tali parole: l'omino col grembiule nella cattedrale...

In serata, Emma telefonò al pastore Thomas per salutarlo e gli chiese chi fosse l'uomo delle pulizie visto in cattedrale.

Il vecchio rimase sorpreso da quella domanda, soprattutto perché non aveva mai avuto un uomo per le pulizie. Se ne occupavano solo le pie donne del coro...

CAPITOLO 8

Le insidie dell'acqua

Troppi indizi lungo il fiume:
una rana, uno gnomo e volto comune

Il viaggio a Berna si era rivelato fondamentale per le indagini. Quell'uomo col grembiule era un avvertimento, il secondo dopo la telefonata misteriosa.

La pista dell'acqua e dei nani era, secondo Emma, la chiave di lettura del mistero della scomparsa di Marie.

Berth, al contrario, aveva qualche dubbio sulle ipotesi di Emma e preferiva concentrarsi sulla ricorrenza delle date.

«Sono informazioni troppo diverse…» sosteneva il cervo rilevando che non ci fossero elementi sufficienti per collegare il fiume Emme al Monte Forca e al rapimento di Marie.

«È vero, i fatti del Monte Forca sono diversi»

rispose Emma. «Nei racconti delle vicende passate nessuno parla di gnomi o di nani, ma resta il fatto che tre ragazze sono scomparse a distanza di secoli nello stesso luogo e nello stesso giorno dell'anno. In più il Monte Forca è vicino al fiume Emme!»

Qualunque cosa fosse, per Mukka Emma era necessario controllare le rive dell'Emme, il fiume principale dell'Emmental.

La mattina seguente l'investigatrice, aiutata da Berth e dalle sorelle Telma, Yulma e Calma, iniziò le ricerche lungo le rive del fiume partendo dalla confluenza con il Röthenbach, un suo grosso affluente.

L'Emme, pur essendo un fiume che scorre tranquillo in mezzo ai boschi, era noto per le sue piene improvvise che lo rendevano imprevedibile e pericoloso. I bimbi di Eggiwil conoscevano bene i rischi ma, nonostante tutto, nella stagione calda giocavano lungo le sue sponde.

Passata una giornata di faticose e inutili ricerche lungo gli argini, Emma rientrò con le sorelle al Mira Mukka.

Durante la cena, che prevedeva un gustoso sformato all'Emmentaler e delle pere al cioccolato, le sorelle discussero delle varie ipotesi sulla scomparsa della bimba.

Ciascuna espose il proprio punto di vista e i propri sospetti.

Yulma pensava che si trattasse semplicemente di una disgrazia e che la piccola fosse scomparsa

nelle acque gelide del fiume; Telma sosteneva invece che il biglietto trovato da Marianne fosse la prova di un rapimento in piena regola, mentre Calma ascoltava in silenzio giocherellando con una ranocchia.

«Dove hai preso quella rana, Calma?» esclamò Emma stupita.

«Era al fiume, usciva da una statuetta rotta… e tutta coperta di gesso, che strano!»

«Una statuetta? Come i nanetti… Devo vedere subito dove l'hai trovata!» esclamò Emma alzandosi.

«Torniamo al fiume…»

«È tardi e tra un po' sarà buio…» replicò Calma stropicciandosi gli occhi stanchi per la giornata di ricerche.

«Non possiamo aspettare, ciò che hai trovato è fondamentale! Dobbiamo andare…» rispose Emma ricaricata da una nuova improvvisa energia.

Le sorelle raggiunsero nuovamente le rive dell'Emme, arrivando che era già notte.

La riva era deserta e in lontananza si intravedevano solo alcune luci lontane sui monti. La notte si rispecchiava sull'acqua che scorreva lenta tra le fronde del bosco, come un lungo serpente nero.

«Torniamocene a casa!» esclamò Calma intimorita dal silenzio. «Come vedi qui non c'è nulla, è inutile continuare...»

«Voglio capire dove hai trovato la rana, lì vicino doveva esserci una statuetta...» rispose Emma insistente.

«Come faccio a saperlo: qui è tutto uguale, scuro e... non mi ricordo nulla!» ribadì Calma con gli occhi lucidi di agitazione.

Le sorelle continuarono la ricerca ancora per un'ora. Quando compresero che tanta fatica, per quella sera, era ormai inutile, decisero di tornare verso casa.

Scoraggiata, Emma riaccompagnò Calma a Mullach, dove la sorella gestiva la nota locanda "Gasthof Latte e Vino".

Il giorno seguente, Emma, non ancora stanca delle ricerche, tornò di buon'ora sulle rive dell'Emme.

Era certa che qualcosa di sconosciuto collegasse la presenza dei nani a quella delle rane, così come era successo nella sua stanza.

Emma camminava a testa bassa, guardando i sassi sul greto del fiume, quando urtò all'improvviso un signore che camminava nel senso opposto.

«Ops! Mi scusi tanto, ero distratta...» disse Emma allo sconosciuto, che in silenzio raccolse la propria canna da pesca e si allontanò nel canneto.

Gli occhi grigi, e il volto magro segnato dalle rughe ricordarono a Emma un'immagine familiare... Da qualche parte aveva già visto quella persona...

Ma certo! Era lui! L'omino col grembiule nella cattedrale, il vecchio dell'acqua.

Emma corse nel canneto per raggiungerlo, voleva sapere chi fosse e cosa facesse lì… ma del vecchio nessuna traccia. Scomparso.

Quando ritornò indietro delusa, Emma inciampò in un filo uscito dai sassi. Incuriosita dalla cosa iniziò a tirare finché non venne fuori una testa rotta di nano.

"Ci siamo! Mia sorella Calma aveva visto bene…" pensò soddisfatta guardando il reperto di gesso verde.

«Emma! Emma! Aspettami, arrivo!» si levò nel frattempo una voce dal bosco.

Dal canneto spuntò Berth, che la raggiunse di corsa al fiume.

«Ho parlato con Marianne, la mamma di Marie» cominciò il cervo ancora col fiatone. «Ho saputo da lei che la bambina andava spesso a giocare nella spiaggia vicina al canyon…»

«Il canyon? Quale canyon, Berth?»

«Il canyon dell'Emme» rispose il cervo. «Per sette chilometri questo fiume scorre sotto terra e poi sbuca nella parte opposta della valle. E tu cos'hai trovato?»

«Guarda!» disse Emma alzando la testa del nano.

«Non c'è tempo da perdere!» continuò il cervo. «Avevi ragione! Ci sono tracce che si incrociano qui».

«Poco fa ho incontrato un pescatore...» proseguì Emma «Solo dopo ho capito che era il vecchio della cattedrale, ricordi? L'ho inseguito, ma è scomparso».

«Non ci resta che farci portare dal fiume fino al grande canyon» replicò il cervo. «Proveremo a calarci nella voragine della cascata. Ci vuole prudenza, Emma, nessuno l'ha ancora fatto».

CAPITOLO 9

Il canyon dell'Emme

Dove l'acqua cadeva tra i massi,
l'ignoto portava agli abissi

Emma e Berth raggiunsero il centro di rafting a Eggiwil, dove affittarono un gommone per percorrere l'Emme.

Saliti sull'imbarcazione si lasciarono condurre dall'acqua.

Il primo tratto attraversava i boschi e costeggiava lo stesso sentiero che avevano esplorato il giorno prima. Fino a quel punto il fiume era calmo, ma solo dopo poche centinaia di metri l'andamento del gommone si fece più rapido e turbolento. Berth conduceva con grande maestria il battello pneumatico, facendologli evitare i punti più difficili e seguendo le rapide per evitare le secche o i tronchi incagliati.

Emma, che non era affatto avvezza a quel tipo di viaggio, aveva seguito i consigli dell'amico e restava

ben aggrappata alle
corde laterali, controllando ogni tanto lo stato di salute del proprio salvagente.

Il gommone sul fiume attraversò la valle per alcuni chilometri, passando per i boschi e i campi fino a raggiungere una gola stretta tra le rocce.

In quel punto l'acqua, scavando una via nelle rocce calcaree, si era creata un passaggio. I bordi della gola erano ricoperti da una fitta vegetazione, che contrastava con le pareti argentate della montagna. Superate alcune rapide vorticose, il fiume rallentava la propria corsa in un'ansa tranquilla.

Il gommone si addentrò fino alla bocca della montagna scivolando sul pelo dell'acqua come un serpente. In quel punto inaccessibile, l'acqua penetrava all'interno della montagna precipitando con una cascata in una voragine aperta come uno squarcio.

Berth arrestò il gommone poco prima del salto, puntando i remi sulle rocce e assicurandolo con delle corde a uno spuntone di roccia.

Emma era inquieta. L'ingresso improvviso in quella caverna e quelle rapide vertiginose di lì a qualche metro le davano la sensazione di essere inghiottita da un momento all'altro. D'altra parte nessuno si era mai spinto così vicino al salto dell'Emme!

Quando Berth illuminò con la torcia la volta della caverna videro chiaramente l'enorme massa d'acqua precipitare nel vuoto…

«Presto! Laggiù c'è un passaggio» notò Berth indicando una cavità laterale tra le rocce. «Bisogna proseguire a piedi».

«Non ho mai visto nulla di simile!» rispose Emma

«In un attimo il fiume potrebbe salire e qui dentro ci sarebbe solo acqua…» annuì Berth.

Emma non parlò più; bisognava trovare Marie senza esitare.

Camminarono per un'ora oltrepassando voragini e caverne immerse nell'oscurità, attraversando crepacci e foreste di stalattiti e stalagmiti illuminate dai deboli raggi della torcia di Berth.

Dopo un certo tempo, il cervo decise che era necessaria una sosta e preparò una tenda come bivacco per la notte.

Nella grotta, l'umidità e il freddo erano molto forti. Emma accese un fuoco per risparmiare le torce e riscaldare una cena piuttosto frugale.

Quando s'infilarono nei rispettivi sacchi a pelo per la notte, Emma si sforzò d'immaginare sopra di sé il cielo stellato, tipico delle notti estive della valle dell'Emme. Era sicuramente più gradevole e rassicurante che pensare ai metri di roccia che aveva sulla testa.

La mattina dopo, Emma si risvegliò disturbata da un sibilo continuo e fastidioso... Ancora assonnata, aprì gli occhi. Il fuoco della sera prima si era ridotto a un misero braciere e diffondeva una luce tenue sulle volte della caverna. Quando fece per uscire dalla tenda, si accorse con stupore che la grotta era completamente invasa da rane verdi fosforescenti.

«Berth! Berth, svegliati! Guarda fuori... È pazzesco saranno migliaia... cosa facciamo?»

Berth, che dormiva della grossa, mise fuori la testa ancora insonnolito, osservando incredulo quello spettacolo irreale.

«Ma che razza di affare è questo? Dobbiamo difenderci!» reagì Berth cercando il coltellino in fondo allo zaino.

«Sono troppe Berth!» ribadì Emma. «Facciamo con prudenza e in modo amichevole, fino a quando sarà possibile...»

Mentre pensavano a come muoversi, la volta della caverna si rischiarò improvvisamente. Da una punta di roccia calcarea cominciarono a fuoriuscire dei lampi verdi avvolti da un vapore intenso fastidioso.

«Ecco! Era così! Quella notte, nella mia camera...» esclamò Emma sorpresa. «Con quel diabolico nano di gesso!»

Nella luce verde apparve la sagoma di un nano grigio, che in breve tempo si distaccò dalla roccia.

In quell'istante centinaia di rane sparse nella grotta si raggrupparono in modo frenetico, formando cerchi concentrici intorno al nano.

Le loro gole aperte e minacciose emettevano lunghi sibili assordanti pronunciando il nome di "Khor".

«È lui!» sussurrò Emma nell'orecchio di Berth. «Il vecchio della cattedrale… Il pescatore dagli occhi chiari… e, forse, la voce al telefono».

CAPITOLO 10

Il popolo di Khor

Quando finirono in un antro sperduto,
antica dimora di un regno caduto

Il vecchio nano grigio socchiuse gli occhi e si portò entrambe le mani alla testa. Le rane, che fino a quel momento non avevano smesso di gracidare, si zittirono all'istante oscillando, in una sorta di balletto sulle zampe posteriori, i loro corpi lucidi e gonfi.

«Spiriti dei nani liberi, accogliamo questi amici nella nostra terra!» gridò la voce del vecchio Khor facendo vibrare le volte della caverna.

A quelle parole, il gracidio riprese ancor più forte e dalle cavità della grotta uscirono numerosi nani di specie diverse e persino qualche gnomo...

Un gruppo di nani grigi si avvicinò e offrì a Emma e a Berth una coppa con un liquido giallo fumante.

«Bevete!» disse il vecchio. «Bevetela tutta, questa è la "Linfa dell'Alleanza", che tiene unito il nostro popolo e ci dà forza contro il Cerchio...».

Emma guardò Berth con aria rassegnata. Si trattava, in fondo, di una prova e, pensando al suo giallo preferito (quello del formaggio coi buchi), trangugiò in un soffio quel liquido dorato e insapore.

«Oltre quella falda inizia il regno della sventura e dell'inganno» disse il vecchio indicando con il braccio tremante la profonda voragine alle sue spalle.

«Sono secoli che il Cerchio minaccia il popolo dei Nani Grigi» proseguì Khor. «La Regina ha catturato i nostri fratelli liberi e indifesi nei boschi e li ha trasformati per sempre in rane sue schiave».

«Khor! Tu sai dov'è Marie?!» domandò Mukka Emma preoccupata.

«Marie è prigioniera della Grande Madre Regina!» rispose il vecchio Khor. «Le rane del Cerchio, fedeli come migliaia di soldati, la tengono rinchiusa nel Cerchio».

«E in tutto questo cosa c'entra la bambina, perché è stata rapita?» replicò Emma che aveva ascoltato in silenzio le parole del vecchio nano.

«La Grande Madre è un'enorme rana rossa dall'aspetto orribile. La sua bruttezza è pari al suo potere. Quel mostro è noto a tutti per essere spietato, ma anche molto vanitoso.

Quando una giovane, in tempi passati, cascò nella voragine, la Regina riuscì a compiere l'atteso incantesimo del Cerchio, prese le sembianze di una bellissima creatura e perse l'orribile pelle da rana rossa grazie alla vita della giovane. Da allora la sua smania di bellezza e potere non ebbe più fine e imparò ad avvicinare i nani grigi e gli gnomi dei boschi, servendosi delle sue abilità di bellissima incantatrice per renderli sottomessi. Ogni cento anni, però, l'incantesimo ha fine e quell'orribile mostro perde fatalmente la propria bellezza per ritornare una mortale rana rossa... Ecco perché ha bisogno di rigenerarsi in una vita nuova grazie alla purezza di una bambina... per riavere la bellezza e il potere sulle sue guardie!»

«Ma è terribile! Come può fare una cosa così... e che cosa ne sarà di Marie?» esclamò Emma turbata dal racconto del vecchio.

«È una creatura di ghiaccio! Guarda cosa ha fatto dei miei fratelli e dei miei figli! Marie perderà per sempre la sua linfa vitale e resterà prigioniera di quell'essere deforme».

«Non permetterò a quella balorda di toccare Marie! Devo trovarla, Khor! Fermiamola, perdiana!» gridò Emma rinvigorita e pronta a partire.

«Non sarà difficile trovarla. Il suo regno è oltre la voragine. Attenta al Cerchio, però! Potrebbe essere lei a trovarti per prima...» avvisò prudentemente il vecchio.

«Dobbiamo sapere com'è fatta, Khor! Come farò a riconoscerla?» domandò Berth.

«È bellissima! Di più non sappiamo! Nessuno è mai ritornato a raccontarlo...» rispose Khor. «Nel Cerchio ho perso un fratello di sangue, non so più nulla di lui. Questi figli che vedi non ricordano nulla. Resteranno sempre delle rane e non saranno mai più nani».

Il vecchio Khor ordinò allora di disporre la passerella sulla voragine, in modo tale che Emma e Berth potessero giungere al lato opposto.

Tre grossi nani grigi calarono con le corde la trave massiccia. Berth prese Emma per mano e attraversò con prudenza la tavola traballante, raggiungendo il territorio ignoto sull'altra sponda.

La passerella si ritirò.

Emma e Berth erano nel regno del Cerchio.

Il vecchio Khor rientrò nella roccia avvolto in una luce verde sfolgorante.

I nani grigi tornarono nelle loro tane e il coro delle rane verdi riprese a sibilare in modo assordante.

CAPITOLO II

Passaggio nel regno del Cerchio

Nella voragine, goccia dopo goccia,
un mondo nuovo dai muri di roccia

Emma e Berth si addentrarono con cautela all'interno del tunnel, che si insinuava come una gola tra le timide luci di un mondo ignoto.

«Che cosa sono tutte queste colonne, Berth?» domandò Emma incuriosita.

«Sono stalattiti, le ha formate il calcare, depositandosi in milioni di anni goccia dopo goccia».

«Sono bellissime!» esclamò Emma mentre le toccava. «La loro superficie è perfettamente liscia e umida».

«Guarda! Laggiù c'è qualcosa che si muove...» esclamò Berth.

«Stiamo attenti! Qui, come ha detto il vecchio, potrebbero essere nascoste le guardie della Regina...»

Camminarono per un'ora, attraversando un'interminabile bosco di stalattiti, superando passaggi critici e strisciando nei corridoi più angusti. Dopo tanta fatica, arrivarono a una caverna immensa rischiarata nel fondo da una luce naturale...

«È la fine del canyon» esclamò Emma rassicurata dalla vista del sole. «È qui che arriva l'Emme!»

«Mah, non ne sono sicuro...Il fiume prima cadeva in un crepaccio» rispose Berth. «Secondo i miei calcoli siamo in un altro posto... molto più a ovest dell'uscita dell'Emme».

Per raggiungere la fine della grotta, seguirono un passaggio strettissimo scavato nella parete.

Quando arrivarono all'uscita e si affacciarono all'esterno, restarono abbagliati per qualche istante dalla luce del giorno.

Ben presto si resero conto di essere nel fondo di una voragine naturale circondata da pareti altissime e ricoperta da un bosco primordiale.

MIRAMUKKA
MUKKA EMMA

In fondo alla gola, la vegetazione molto fitta lasciava intravedere il corso di un fiume che si muoveva scuro tra alcuni isolotti con meandri e cascate.

«Fermiamoci, Berth! Potremmo essere visti» sussurrò Emma, trattenendo l'amico per un braccio.

Bisognava muoversi con prudenza, anche perché in quel luogo sconosciuto al mondo non avrebbero potuto chiedere aiuto a nessuno.

Decisero di rientrare nella grotta, allestendo un bivacco tra alcune stalattiti, dove il profumo della loro scorta di Emmentaler e qualche pezzo di cioccolata riportarono un clima piacevole e familiare.

In quell'abisso naturale la notte calò rapida come un uccello sulla sua preda, lasciando sotto i raggi della luna l'immensa foresta che copriva la voragine col suo manto compatto.

«Serve un piano per liberare Marie» sussurrò Emma.

«Non sarà facile! Ma ce la faremo...» rispose Berth. «Scendo nella

foresta per cercare Marie. Mi muoverò da solo per dare meno nell'occhio...»

«È troppo pericoloso!» esclamò Emma.

«Non abbiamo altra scelta... Se non mi vedi entro tre ore, torna indietro e va a cercare aiuto!» concluse il cervo sorridendo e abbracciando l'amica.

Con pochi salti scese il dirupo e fu subito inghiottito dalle fronde selvagge.

CAPITOLO 12
Fratello Dakh

Un amico dal volto sincero
sbucò inaspettato dal bosco più nero

Verso sera, le sorelle Telma, Yulma e Calma si ritrovarono al Mira Mukka per prendere una decisione urgente.

Nessuna, infatti, aveva più avuto notizie né di Emma né di Berth e in famiglia serpeggiava una certa inquietudine per i due nuovi scomparsi.

L'ultima a vedere Emma era stata Calma, la sera precedente.

La mattina dopo, Telma si era recata alla scuola di rafting dove aveva saputo che Emma aveva noleggiato un gommone per seguire l'Emme fino al canyon.

«Sicuramente Emma avrà avuto una buona ragione per fare una cosa simile» disse Yulma rivolta a Telma.

«Non ama di certo andare in barca, figuriamoci sulle rapide del fiume...».

«Stava cercando qualcosa. E sicuramente saranno arrivati al canyon» ribadì Calma. «Berth è davvero molto esperto e conosce bene quel posto».

«Bisogna fare qualcosa, sono passati quasi due giorni e non abbiamo più loro notizie» riprese Yulma agitata. «Domani scenderò lungo l'Emme per cercarli!»

«Sarò con te!» rispose Telma. «Domani passo a prenderti presto con la moto».

Non era facile calarsi in un groviglio di fronde.

La vegetazione era fittissima e Berth dovette farsi strada più volte tagliando i rami col coltellino.

In quel posto faceva piuttosto caldo e il clima era umido.

Le piante e i cespugli della foresta erano molto diversi dalla vegetazione di montagna che Berth conosceva bene.

Quando fu vicino al fiume, il cervo cercò un riparo sotto un cespuglio, per paura di essere visto. La pianta che lo proteggeva emanava un profumo forte e dolciastro. Dai rami coperti di fiori pendevano bellissimi frutti viola a forma di uovo.

In quel paesaggio naturale c'era qualcosa di esotico, quelle piante erano di origine tropicale e Berth le aveva già viste nella serra di un amico botanico.

Strisciando sulla sabbia fino all'acqua, il cervo raggiunse il fiume, che scorreva scintillante sotto i raggi della luna. Mentre Berth rifletteva, cercando un punto di secca o un guado per passare oltre, si sentì tirare alle spalle da una tremula mano pelosa.

«Non farlo! » disse la voce. «Saresti catturato dalle Stipole».

«Chi sei?!» esclamò sorpreso Berth, che istintivamente cominciò ad arretrare da quel piccolo essere grigio ricoperto di pelo.

«Puoi fidarti! Sono Dakh, il grigio più vecchio della valle… l'unico nano ancora salvo in questo posto maledetto. Chi ti manda?»

«Khor» rispose Berth

«Khor è mio fratello! L'hai visto? Come sta?» chiese il grigio preoccupato.

«Khor è vecchio, ma sta bene. Ci ha parlato di te e ci ha insegnato la strada…» rispose Berth. «Stiamo cercando Marie, una bambina di Frittenbach, vogliamo liberarla e portarla indietro».

«Non sarà facile! Le rane Stipole non sono fratelli. Un tempo erano dei Grigi ma la Grande Madre li ha mutati in rane da guardia. Con loro non vale più nemmeno la "Linfa dell'Alleanza"» spiegò amaramente Dakh bevendo un sorso da una piccola ampolla.

«Portami subito da Marie!» domandò Berth con apprensione.

«Si trova nel calice del Primo Fiore al lago del Cerchio...» rispose Dakh e indicò una direzione oltre la foresta.

Berth seguì il Grigio attraverso un sentiero nascosto nei rami.

Dakh procedeva con prudenza, silenzioso e attento a schivare le insidie nascoste di quella natura rigogliosa.

La luce della luna aumentò il chiarore notturno mostrando, attraverso le fronde, uno specchio d'acqua perfettamente rotondo, racchiuso da un massiccio anello di foresta.

La natura era assorta in un silenzio misterioso interrotto solo dal rumore di leggere onde increspate.

Dalle acque nere emergevano e scomparivano continuamente dei grossi dorsi violacei che brillavano ai raggi della luna.

«È il Cerchio!» disse Dakh.

«Nel lago vive la Grande Madre, e quelle grosse bestie nell'acqua sono le rane Stipole, le più feroci…»

«Dakh, andiamo subito da Marie. Non perdiamo tempo!» insistette Berth.

«È nella baia della corona, prigioniera nel calice del Primo Fiore. Per arrivare fin lì c'è solo un modo… Attraversare le acque del Cerchio».

«Capisco Dakh…» rispose Berth. «Ma dobbiamo farcela ad ogni costo!»

Dakh era l'unico sopravvissuto all'incantesimo delle rane Stipole.

Rapito e diviso fin da piccolo dal fratello Khor, era stato obbligato dalla Grande Madre a lavorare nella costruzione del giardino della Conca del Cerchio.

La Regina lo aveva risparmiato da quel triste destino solo perchè dotato nel disegno dei giardini. Dakh però era comunque stregato dalla bellezza della Grande Madre e costretto da un sortilegio a recarsi ogni giorno alla bocca del vento solare, fonte di vita per lui e per tutto l'immenso giardino.

CAPITOLO 13

Il Primo Fiore del Cerchio

Il cuore di un mondo segreto
nutriva l'uccello del Cerchio incantato

Quando Berth e Dakh giunsero alla baia della corona, una luce nuova rischiarò la voragine, come l'alba di un giorno nuovo.

Il Primo Fiore attendeva adagiato sull'acqua tra i riflessi violetti del lago del Cerchio.

«Abbassati! Vieni qui sotto » esclamò il Grigio invitando Berth a nascondersi sotto le foglie di una palma. «Potremmo essere visti...»

Dall'alto un grande uccello blu con la testa dorata scese leggero sull'acqua, sfiorando col becco i petali del Fiore del Cerchio.

In un attimo le rane Stipole si misero a ondeggiare impazzite, spezzando l'immobile specchio d'acqua del lago con onde incrociate.

L'uccello blu sfiorò il Primo Fiore e la corolla si aprì, scoprendo la corona centrale ricca di filamenti profumati.

«È lei, la Grande Madre! Non fissarla! Se incroci il suo sguardo sarai perso nel Cerchio!» esclamò Dakh con gli occhi rapiti da quella splendida creatura.

«In questo luogo tutto vive per la sua bellezza. Lei si nutre dei profumi del giardino e del suo Primo Fiore. Marie è inquel fiore! È lei che lo tiene vivo...» sussurrò il piccolo nano grigio strofinandosi il naso bagnato da una lacrima.

Dopo alcune evoluzioni nel cielo lunare, l'uccello si immerse nelle acque del Cerchio.

L'alba si spense e fu nuovamente notte. I raggi della luna tornarono a riflettersi sulle schiene delle Stipole, tornate calme e fluttuanti.

Dall'alto della grotta, Emma aveva seguito impressionata quello spettacolo incredibile. Era passata poco più di un'ora e Berth non aveva dato ancora nessuna notizia. Doveva attendere, com'erano d'accordo...

Le Stipole erano cieche e prive dei comuni sensi. I grossi anfibi potevano sentire solo grazie a un olfatto evoluto, che permetteva di riconoscere qualsiasi presenza a grandissima distanza. Secondo il Grigio, bastava toccare l'acqua con un dito per far accorrere migliaia di Stipole furiose a difendere il Cerchio.

Berth capì allora di avere solo una possibilità e, frugando in fondo allo zainetto, tirò fuori una scatola chiusa.

Erano le ultime provviste, e doveva giocarsele bene. Quando il cervo aprì la scatola, il profumo di formaggio si diffuse nell'aria annullando gli aromi dei fiori del giardino selvaggio.

Il nano Dakh all'inizio storse il naso guardando con sospetto quella "sconosciuta roba gialla con i buchi". Il piano era semplice ma ingegnoso.

Dakh avrebbe lanciato dei pezzi di formaggio dalla parte opposta del Lago del Cerchio per attirare l'attenzione delle Stipole, mentre Berth, nel frattempo, avrebbe raggiunto Marie al centro del calice.

Dopo aver realizzato una zattera rudimentale ma robusta, Berth salutò Dakh abbracciandolo con affetto. Da quel momento ognuno aveva un compito preciso da svolgere. Poteva accadere di tutto.

Berth rimase ben nascosto in attesa del momento giusto per avvicinarsi al calice.

All'improvviso un'onda furiosa di corpi guizzanti si alzò e si spostò rapida verso la parte opposta del lago.

«Funziona! Il formaggio funziona!» esclamò Berth.

Subito mise in acqua la zattera e guadagnò in pochi istanti il centro del lago arrivando al fiore incantato.

Il grosso calice violetto giaceva tranquillo, richiuso su Marie come una prigione dorata.

Berth prese il coltello e, senza esitare, recise i petali, creandosi un varco per l'interno.

Nella corona centrale, Marie dormiva adagiata tra i filamenti dorati e incantata dai profumi del magico fiore...

Berth la prese in braccio, delicatamente se la caricò sulle spalle e raggiunse la zattera sulla quale aveva preparato un letto di foglie.

Mentre stava sistemando la piccola sopra, la zattera fu attaccata da una Stipola.

«Non mi fai paura, bestiaccia!» esclamò il cervo, assestandole sulla testa un potente colpo di remo. Tolta di mezzo la Stipola, in pochi minuti furono a riva.

Berth prese la bambina in braccio e si allontanò dal lago percorrendo senza sosta il sentiero consigliato da Dakh.

Marie era completamente addormentata, ma salva.

La gioia di averla salvata era così grande che Berth non sentì alcuna fatica nel raggiungere la bocca della grotta in alto sul dirupo.

Erano quasi arrivati quando un suono simile a un lungo e acutissimo urlo rimbombò tra le rocce della voragine.

Dall'acqua emerse nuovamente l'uccello spaventoso, che iniziò a volteggiare creando vortici intorno al fiore profanato da Berth.

«Non è il momento di esitare!» urlò Berth raggiungendo Emma, rimasta incantata a osservare la creatura volteggiante.

«Hai trovato Marie! Hai trovato Marie!» gridò Emma incredula nel vederla in braccio all'amico.

CAPITOLO 14

Il lungo sonno interrotto

La creatura dall'aspetto incantato
restò prigioniera del Cerchio spezzato!

Le grida infuriate dell'uccello seguirono la ritirata dei fuggiaschi fino al baratro del regno dei nani grigi.

«Abbassate subito il ponte!» gridò Khor ai suoi nani, quando vide arrivare di corsa Emma e Berth con la bambina, seguiti da Dakh.

Il vecchio nano grigio andò incontro ai fuggiaschi abbracciandoli.

«Oggi è stato spezzato l'incantesimo del Cerchio!» disse il vecchio rivolto a una folla enorme. «La Grande Madre non potrà più rigenerare la propria bellezza e resterà prigioniera nel suo abisso».

«Grande Khor, ho potuto salvare Marie solo grazie al coraggio di tuo fratello Dakh» disse Berth facendo avanzare il vecchio Dakh, fuggito con loro fino alla voragine.

Dakh e Khor si abbracciarono a lungo. I due fratelli, che di fatto non si erano mai conosciuti, poterono incontrarsi dopo oltre tre secoli di dura separazione.

Il coro delle rane verdi iniziò a sibilare in modo assordante: i festeggiamenti cominciavano...

Quando Emma e Berth raggiunsero il gommone, ancora legato alla bocca del canyon, Marie finalmente aprì gli occhi dal lungo sonno.

«È stato un brutto sogno, piccola Marie!» disse Emma abbracciandola e confortandola con tenere carezze.

«Dobbiamo fare presto! Abbiamo un appuntamento importante!» esclamò Berth, mentre le leggeva la lettera dei compagni di hornuss. «I tuoi amici hanno bisogno di te per battere la squadra degli scacchi, devi riprenderti presto per gli allenamenti...»

«Prima ci aspetta Marianne, la tua mamma. È molto preoccupata e per lei sarà una gioia immensa riabbracciarti» disse Emma sorridendo.

Marie era ancora molto stanca. Il lungo sonno del Cerchio l'aveva indebolita, ma l'aria frizzante dei boschi dell'Emmental dava già i primi effetti positivi.

Uscirono dal canyon che era da poco mattina.

Berth condusse con destrezza l'imbarcazione guidandola contro corrente.

Marie, che nel frattempo si era del tutto risvegliata, aiutava il cervo avvisandolo dei sassi sporgenti e delle secche.

Superata la prima ansa del fiume, diretti verso le rapide, sopraggiunse dalla parte opposta un'altra imbarcazione che procedeva a velocità sostenuta. L'impatto fu inevitabile e il contraccolpo tra i due battelli gonfiabili fece cadere nell'acqua Mukka Emma.

Berth bloccò subito la barca per aiutare l'amica caduta nel fiume.

«Emma! Emma! Tutto bene?» esclamò ridendo Telma, mentre le lanciava una corda dal suo gommone.

«Mancavi proprio tu per farmi il bagno...» brontolò Emma, che, appesantita dai vestiti inzuppati, si aggrappava faticosamente al bordo della barca.

«Eravamo così preoccupate che abbiamo pensato di venire a cercarti...» proseguì Yulma dispiaciuta per l'incidente.

«È una storia lunga! Marie è salva e, come tutte le vittorie, anche questa andava bagnata!» rispose Emma ridendo.

Chi è Peter Coolbak?

Peter è un mio amico, e un giorno magari vi racconterò anche come l'ho conosciuto.

È nato in Città. In una città che non lo voleva, interessata agli affari, lontana e dominata da un tempo sordo e veloce. Come tanti ragazzi ha frequentato la scuola ma non aveva molti amici: il suo spirito era inquieto. A 13 anni durante un gioco tra bande di quartiere Peter restò accidentalmente rinchiuso in una vecchia discarica abbandonata. Quella notte di stupore e solitudine fu fatale per lui. Tra mucchi di rottami e d'immondizia di ogni genere scovò un'apertura. Entrò nel tunnel attraverso una vecchia portiera d'auto e spinto da una travolgente curiosità lo percorse fino in fondo... Da quel viaggio reale e immaginario allo stesso tempo non è ancora tornato e nessuno l'ha più visto. Mi scrive ogni tanto, racconta di essere felice e di aver trovato ciò che cercava. Peter resterà sempre un visionario e vi confesso che non sempre riesco a capirlo. So che ancora oggi vive tra le montagne in una vecchia baita di legno ma non so esattamente dove e della sua vita non mi parla che raramente.

Mi ha incaricato come amico fidato di consegnarvi questi manoscritti che narrano di questioni accadute nella valle dell'Emme in Svizzera. Non ho ancora capito se si tratta di storie vere fino in fondo. Se non altro son sicuro che per lui è un modo di essere ancora qui insieme a noi.

L'amico fidato di Peter
Gianluca

Glossarietto delle curiosità

Emmentaler

Nella Valle dell'Emme la parola Emmentaler significa due cose: un tipico signore di quella valle e un formaggio assai noto e amato da Mukka Emma. Pesano entrambi circa 100 chili ma non insieme!

Ciò che rende caratteristico l'Emmentaler DOP Svizzero sono i suoi buchi naturali. I buchi si formano durante il processo di maturazione, grazie allo sviluppo di gas propionici dovuti a batteri buoni presenti nel latte naturale e intero. A maturazione completa, l'occhiatura sarà solo il risultato di un processo completamente naturale!

L'hornuss

L'hornuss è un antico gioco nato in Svizzera nel 1600. L'Emmental è stata la regione dove questo sport si è più diffuso restando popolare anche fra i ragazzi. Il gioco consiste nel lanciare verso un bersaglio un oggetto volante (un disco di plastica a forma di noce) che può raggiungere i 180km/h.

Il battitore colpisce con un lungo bastone elastico la noce (detta *hornuss*) fissata con un po' di argilla sopra un piccolo trampolino metallico. La squadra avversaria (circa 16-18 persone) cerca di parare la "noce volante" alzando o lanciando in aria una lunga pala. Dal tipo di gioco si può ipotizzare che l'hornuss si sia ispirato ad antichi rituali di battaglia, in cui la pala era uno scudo.

Il fiume Emme

Il fiume Emme, che dà il nome alla valle dell'Emmental (tal=*valle*), nasce dall'Hohgant, la montagna principale della regione. La sua acqua è stata spesso fonte di energia idraulica per i mulini e le segherie. Per un lungo tratto il fiume attraversa una valle stretta e per qualche chilometro passa sotto la montagna nel cosiddetto *canyon dell'Emme.*

La valle

dell'Emme

INDICE